AF317540

Petite GALERIE DRAMATIQUE

ou Recueil

de différents Costumes d'Acteurs

des Théâtres de la Capitale.

Dieu fit pour nos défauts la poche de derrière;
Et celle de devant pour les défauts d'autrui.
La Fontaine.

TOME 3.

A PARIS.

Chez MARTINET, Libraire, rue du Coq,
N.º 15.

DUGAZON, *rôle du* PÈRE BONARD,
dans les Amis de Collège,
Théâtre Français. *Comédie de Picard*

.........*Est-il possible? oui vraiment, le voici;*
Parbleu, je suis charmé de vous voir, mon ami.
Vous m'êtes cher, parmi mes vieilles connoissances;
. . . . *Acte I. Scène XV.*

A Paris, chez Martinet, Libraire, rue du Coq, N.º 13 et 15.

VERTPRÉ, *rôle de PIRON,*
dans la Vieillesse de Piron.

Th. du Vaudeville.   Vaudeville.

Carle del.

..... Gardez avec soin, mon garçon,
Le fruit de l'arrière saison;
Soyez longtems bon,
Monsieur Bourguignon,
Pour faire le service.   Scène V.

A. Paris, chez Martinet, Libraire, rue du Coq N.º 13 et 15.

Suis-je responsable dès démarches de vos jeunes étourdis ?

Acte II Scène VII.

A Paris, chez Martinet, Libraire, rue du Coq N.° 13 et 15.

DUGAZON rôle de Mᵣ FOUGERE
dans l'Intrigue Epistolaire. Comédie.

Théâtre Français.

Paix! Madame Fougère;
Voilà, graces à vous, à l'humeur qui vous prend,
Dix fautes que je fais dans la barbe d'Argant.
Acte III. Scène Iʳᵉ.

A Paris, chez Martinet Libraire, rue du Coq Nᵒˢ 13 et 15.

N.º 215.

Mᵐᵉ **MINETTE** rôle de **COLOMBINE**
dans le Sultan du Havre, *Vaudeville.*

Th. du Vaudeville.

... Et l'Allemande!

Ah! c'est différent

COLOMBINE.

Air: Du Bouffe.

Joignant à la jeunesse
L'Esprit;
Sa grace enchanteresse
Séduit.

Arrêtant de la haine
Les traits,
Sa présence ramène
La paix.

Scène XII

A Paris, chez Martinet, Libraire, rue du Coq, N.º 13 et 15.

GUENÉE, rôle de GEORGET,
dans les Sabotiers Béarnais.

Th. du Vaudeville.

Vaudeville

Air : De M.ᵉ Touterelle.

Le Français, qui s'rit des obstacles,
Et qui se plaît à tout dompter
Nous a fait voir par cent miracles,
Que rien ne peut lui résister. (bis)
Dès qu'i s'present', remparts ou belles,

Bouchons, redoutes, citadelles,
Sautez donc; sautez, sautez donc,
Le Français n'connaît pas d'rebelles,
Avec ardeur on l'voit courir,
Au danger tout comme au plaisir.

Scène dernière.

A Paris, chez Martinet, Libraire, rue du Coq, Nº 13 et 15.

TALMA, rôle D'ELMANCE,
dans Fenelon, Tragédie.

Th. Français.

Je me tais; voulez-vous que l'oreille d'un sage
Entende de l'amour le profane langage?
Non; je dois respecter vos vertus, votre état.

Acte III. Scène II.

A Paris chez Martinet, Libraire, rue du Coq, N.º 13 et 15.

DOZAINVILLE, rôle de FERVILLE,
dans *Maison à Vendre*, *Opéra-com.*

Th. de l'Opéra-comique.

Oui, morbleu, je le connois ! apprenez que ce
Voisin, c'est moi.   (Scene XV.

A Paris, chez Martinet, Libraire, rue du Coq, Nº 13 et 15.

Costume de DUMESNIS rôle de M. DELAHURE, Vaudeville.

Th. de la Gaité.

Merle del.t

C'est que voyez vous, une cravatte noire c'est toujours blanc.

Scène IX.

A Paris chez Martinet, Libraire, rue du Coq, N.º 13 et 15

A Paris chez Martinet, Libraire, rue du Coq, N.º 13 et 15.

N.º 221 Costume de M.lle ARSÈNE rôle de MARIETTE
dans les Sabotiers Béarnais.

Si je n'avons pas
De mets délicats,
J'avons dès l'matin,
Soif et faim.   Scène IX.

A Paris chez Martinet, Libraire, rue du Coq, N.º 13 et 15.

Costume D'ELLEVIOU rôle de LYSANDRE,
dans l'Irato Opéra-com.

Th. de l'Opéra-com.

Assez........

Acte   Scène

Gavle

A Paris, chez Martinet, Libraire, rue du Coq N. 13 et 15.

Voi che sapete, che cosa è amor.

Mon cœur soupire, la nuit, le jour.

A Paris, chez Martinet, Libraire, rue du Coq N.º 13 et 15.

Costume D'EDOUARD, rôle de RICHARD,
dans le Père d'occasion

Th. du Vaudeville.   Vaudeville.

Air: Le luxe de ce beau danseur (Fandango.)

Dans cette dure extremité,   Entre eux pour rendre un juste arrêt,
Ma conscience est d'un côté   Je mets les poids dans la balance,
Et mon interét est de l'autre;   Et je vois que ma conscience
Sans faire ici le bon apôtre.   Pèse moins que mon interet.

Scène X.

A Paris, chez Martinet, Libraire, rue du Coq N.º 13 et 15.

Costume de M.lle Aléxandrine S.T AUBIN,
dans le 1.r Acte de Cendrillon.

Il monta sur un arbre
Pour voir son chien courir,
Carabi.
Mais v'la que la branche casse,
Gulleri tombi, carabi, ...

A Paris chez Martinet, Libraire, rue du Coq N.º 13 et 15.

Costume de POTIER, rôle de M.ᵈᵉˢ DESCUIRS,
dans M.ᵉ Grégoire. Vaudeville.
Th. des Variétés

Carle del.   Malœuvre sculp.

A moi! les bras me tombent.
Scène XV

A Paris chez Martinet, Libraire, rue du Coq N.º 13 et 15.

Th.-Français.

Charles del.

Moi, j'ai toujours aimé la nature champêtre;
Je la trouve admirable à voir.... par la fenêtre
Ces bois, ces prés, ces fleurs, la fraicheur du matin,...

Acte II Scene VII

A Paris chez Martinet, Libraire, rue du Coq, N.º 13 et 15.

Costume D'ELLEVIOU, rôle de DIÉGO,
dans Picaros et Diégo. Opéra Bouffon.

Th. de l'Opéra comiq.

Carle del.

Dieu ! comme elle a dit mon ami . . . . .

Scène XVIII.

A Paris, chez Martinet, Libraire, rue du Coq, N.º 13 et 15.

M.ᶫˡᵉ ALDÉGONDE, rôle de ROSINE,
dans M.ʳ Grégoire ou Courte et bonne. Vaudeville.
Th. des Variétés.

Moi, pour ce mariage,
J'ai pris tous mes atours,
La robe à grand ramage,
La jupe en gros de tours.   Scène XVII.

A Paris chez Martinet, Libraire, rue du Coq, N.º 13 et 16.

Dessus gueuille étoile qu'alle a donc marché, c'te mere Dubut?

A Paris, chez Martinet, Libraire, rue du Coq, N.º 13 et 15.

M.ᵐᵉ **BELMONT**

dans le rôle d'ALINE Reine de Golconde.

A Paris chez Martinet, Libraire, rue du Coq, N.º 13 et 15.

BRUNET rôle de FLAMMEA,
dans les Baladines, parodie des Bayaderes.
Th. des Variétés.

.........trop diné! mais il fallait lui donner du Thé. Comment
n'a t'on pas eu de bon thé pour lui?........
Scene XVI.
A Paris, chez Martinet, Libraire, rue du Coq, N.º 13 et 15.

BAPTISTE Cadet, rôle de JACQUES SPLIN,
dans le Conteur ou les deux Postes,
Th. Français.   Comédie.

Demandé-moi comment il a pu se comporter dans son cheval.
Acte III. Scène XIII.

A. Paris, chez Martinet, Libraire, rue du Coq, Nº 13 et 15.

Th. du Vaudeville.   Vaudeville.

Carlo del.   Rigoroff!

Votre justice était cruelle,
Tous mes peuples me sont soumis,
Et par l'excès de votre zèle,
Vous m'en feriés des ennemis.

Je veux que mon intérêt cède
Au bonheur de tous mes sujets ;
Contre le pauvre si je plaide,
Faites-moi perdre mon procès.

Scène dernière.

A Paris, chez Martinet, Libraire, rue du Coq, N.º 13 et 15.

JOLY, *rôle de* PUPO,
dans la Manufacture d'Indiennes, Parodie des Bayadères
Th. du Vaudeville.   Vaudeville.

Carle del.

Ah! Désolation!...... Amputation!.... Malédiction!.... sur Malédiction!......
Voila le nez parti............. mon pauvre maître!......pas plus de nez
que dessus la main.   Scène.

A Paris, chez Martinet, Libraire, rue du Coq, N.º 13 et 15.

GILLES.

POLICHINEL.

CRISPIN.

CASSANDRE.

Chez Martinet rue du Coq N.º 3 à Paris.

.... Vois si je n'ai pas fait bonne péche. Mon ami Hubert, te voila
riche pour toujours.   Scène VII.

A Paris chez Martinet, Libraire, rue du Coq N.° 13 et 15.

Ah! Sire,
Vous attaquez mon cœur; la douleur le déchire:
D'un père infortuné je déplore le sort;
Mais la vertu commande et je marche à la mort. Acte V. Scène V.

A Paris chez Martinet, Libraire, rue du Coq, N.º 13 et 15.

SAINT-FAL, rôle de Mr DUPRÉ,
dans les deux Gendres, Comédie

Th. Français.

Carle del.   Maleuvre sculp.

D'un œil indifférent, hélas ! je les regarde,
Mais vous me les rendez, mes enfans, je les garde
Et desormais je veux seul en régler l'emploi
Je demeurois chez vous, vous logerez chez moi.

Acte V. Scene 1.re

A Paris, chez Martinet, Libraire, rue du Coq, N.º 13 et 15.

M.lle MARS rôle de BETTI,
dans la Jeunesse d'Henri V. Comédie.

N.º 242.

Carle del.

Oui, mais pendant que je chanterai ne me regardez pas comme vous
faites toujours ; cela m'enbarasse, et puis je ne sais plus ce que je dis.
Acte II. Scène III.

A Paris chez Martinet, Libraire, rue du Coq, N.º 13 et 15

Annoncez à ma Cour,

Que ce palais sera desormais mon séjour.   Acte I.   Scène IV.

A Paris chez Martinet, Libraire rue du Coq N.º 13 et 15.

Th. du Vaudeville.

F. del.

Car malgré mon air un peu bête
On m'a pourtant dit queuquefois :
Que j'avions un gentil minois.
A Paris chez Martinet Libraire rue du Coq N.º 13 et 15. Scène.

Ah! ah! ah! La plaisante figure.

Acte II. Scène VIII.

A Paris, chez Martinet, Libraire, rue du Coq, N.º 13 et 15.

Th. de l'Ambigu-comique

Général, quand le malheur nous accable, la force manque et l'on a besoin de s'appuyer.   Acte III Scène XI.

A Paris chez Martinet, Libraire rue du Coq N°3 et 15.

Mʳ. VERTPRE Artᵉ du Thᵉ du Vaudᵉ Rôle du Maréchal de Richelieu dans Mᵐᵉ Favart
« LE ROI me charge de la sur-intendence des Théâtres,
que ne m'en chargeoit-il vingt cinq ans plutôt. »

JOLY, rôle de Mr DUTROT,
dans Les deux Lions.

Th. du Vaudeville. Vaudeville.

Carle del.

Vous voyez bien là une marque, là dans le coin de l'œil, eh bien!
c'est le restant du souflet qui a terminé notre conversation.

Scène V.

A Paris, chez Martinet, Libraire, rue du Coq N.º 13 et 15.

Costume de MONVEL, rôle D'AUGUSTE,
dans Cinna Tragédie.

N.º 249.

Prends un siège Cinna: prends, et sur toute chose
Observe exactement la loi que je t'impose.
. . . . Acte V. Scène I.

A Paris chez Martinet, Libraire, rue du Coq, N.º 13. et 15.

Ah! Dieu, si je tenois un pain de munition entre quatre z'yeux,
il passeroit un mauvais quart-d'heure........ Scène I.re

A Paris chez Martinet, Libraire, rue du Coq, T.º 13 et 15.

MARTY, *rôle de GIAFAR, Costume d'Esclave,* N.º 251.
dans les Ruines de Babylone, Mélodrame.

Mon fils est sauvé! je l'emporte et j'atteins heureusement le but de
ce perilleux voyage.   Acte II. Scene XI.

A Paris chez Martinet, Libraire, rue du Coq, N.º 13 et 15.

Th. des Variétés.

Si je perds ses noirs cheveux,
Son teint blanc, ses yeux bleux,
J'ai sa pantoufle verte. Scène XVI.

A Paris, chez Martinet, Libraire, rue du Coq, N.º 13 et 15.

M.lle FLEURY Rôle de SOPHIE.
dans la Nouvelle Cendrillon.

Théâtre de l'Impératrice.

Ensuite elle a tiré de son Secretaire une bourse que voila
...... elle me l'a remise avec une lettre.

Acte IV. II.ᵉ Sc.

A Paris, chez Martinet, rue du Coq, N.ᵉˢ 13. et 15.

Th.-Français.   Comédie de Molière.

Je ne me soucie ni de Don Thomas ni de Don Martin..... Ah!

Acte V. Scène V

Th. des Variétés. Folie vaudeville

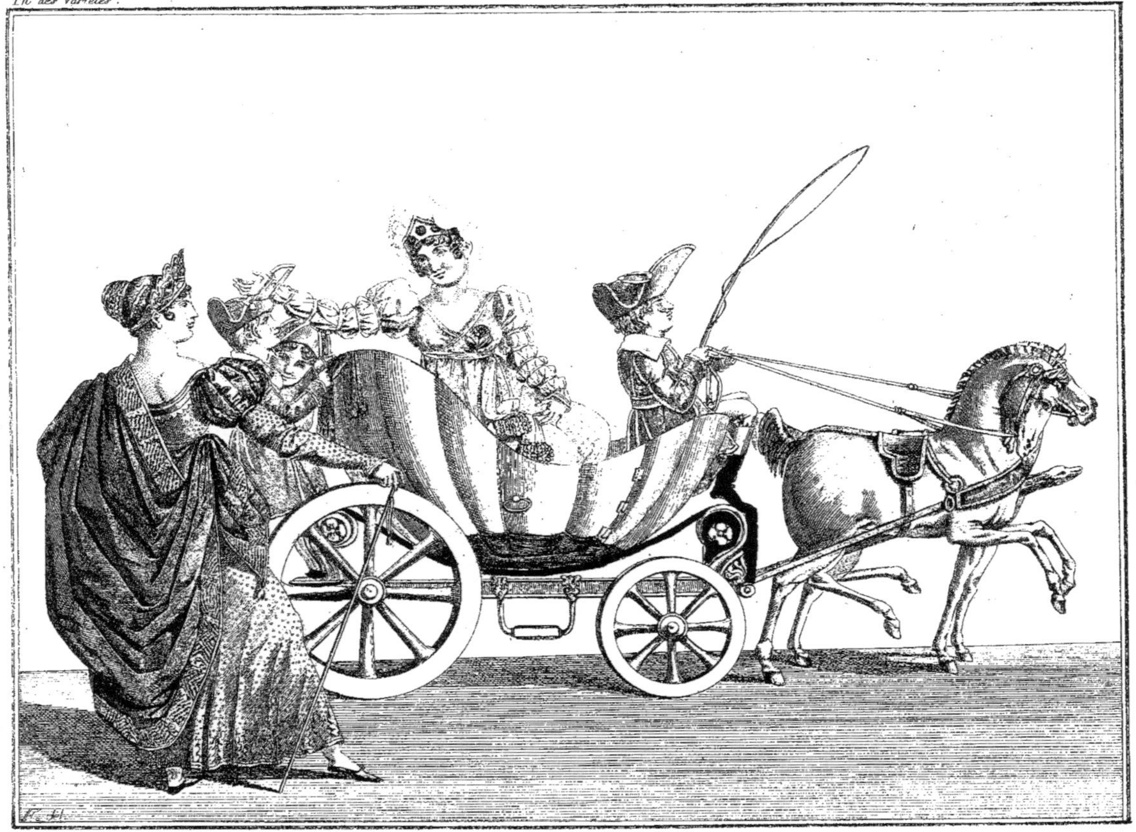

Un moment, Cocher!...... dites-donc, ma Marraine, s'il vous prend fantaisie de redevenir chatte d'ici à ce soir, vous trouverez votre patée sous la fontaine. Scene XI.e

A Paris, chez Martinet, Libraire, rue du Coq, N.o 13 et 15.

Th. du Vaudeville.   Parodie Vaudeville.

Tout naquît petit chez nous ;   Une petite Ingénué ;
Un oncle à petite vue,   Un petit Amant bien doux.

A Paris chez Martinet Libraire rue du Coq N.º 13 et 15.   Scène VII.

Costume de BAPTISTE Ainé, rôle du CAPITAINE BERTRAND 258
dans les Deux Frères

Mes convives ? je n'en avais qu'un; — et que le diable
puisse l'emporter !   Acte II Scène V

A Paris chez Martinet, Libraire rue du Coq N.º 13 et 15

Madame GAVAUDAN rôle de MARGOT.   N.º 259.
dans le Diable à quatre,
Th. de l'Opera-comique.   Opéra comique.

Carle del.

Je n'aimais pas le tabac beaucoup
J'en prenais peu, souvent point du tout.
Mais mon mari me défend cela.
Depuis ce moment la,
Je le trouve piquant
Quand
J'en peux prendre à l'écart;   Acte I Scène XII.
A Paris chez Martinet, Libraire rue du Coq, N.º 13 et 15.

Th. du Vaud.
CHAPELLE rôle de VENTURE   N.° 260.
dans Jean Jacques Rousseau dans son Hermitage.   Vaudeville.

Quand on sait chanter et boire,
A t'on besoin d'autre bien ?
Beaucoup de Vin, quelque gloire,
Font le vrai musicien.

De Bacchus je suis l'apôtre,
Tout en donnant mes leçons,
Et j'ai fait, l'un apres l'autre,
Chanter les Treize Cantons.

Acte III Scène IV

A Paris, chez Martinet, Libraire rue du Coq N.° 13 et 15

.... role de SIMPLETTE – .... role de CENDRILLON – L'AINEE, et M.̃ Joly role de JOCRISSE - CENDRILLON,
dans les Six Pantoufles ou le Rendez-vous des Cendrillons ; Vaudeville.

Th. du Vaudeville.

PERRETTE, aux Cendrillons.

Arrêtez, Mesdames .... Le Seigneur Guilleri a résolu d'épouser celle de vous qui pourra chausser cette Pantoufle.

Scène XIII.

A Paris, chez Martinet, Libraire, rue du Coq, N.º 13 et 15.

THÉNARD jeune, rôle de FLORIDOR. N.º 263.
dans Roufignac. Comédie

Vous ne m'aimez pas ? C'est incroyable !

Scène V.

A Paris, chez Martinet, Libraire, rue du Coq, N.º 13 et 15.

M.me HERVEY, rôle de M.me DE MAINTENON, dans une Visite à S.t Cyr, Vaudeville

N.o 264.

Th. du Vaudeville.

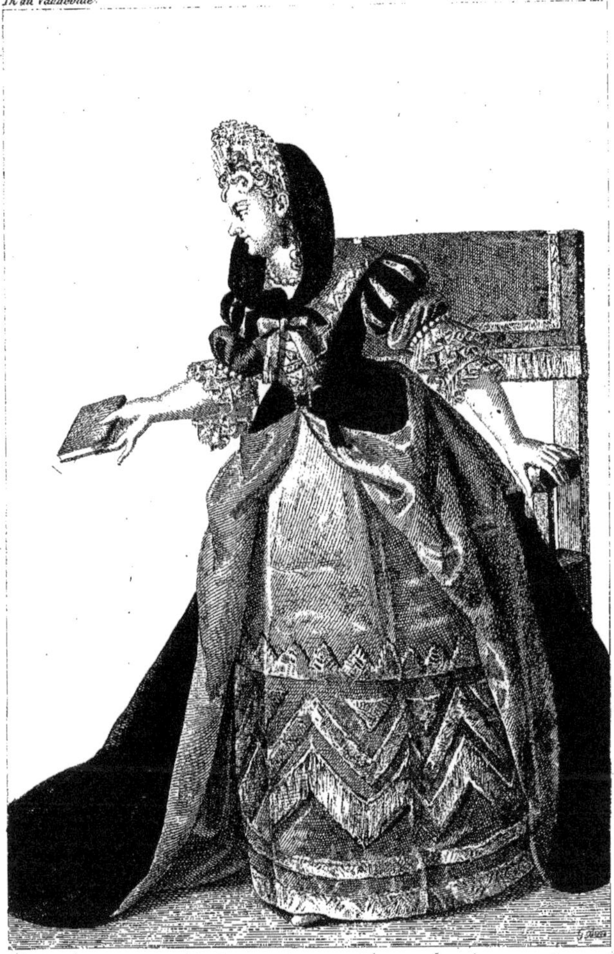

Pour réparer une omission, pour y suppléer par le présent que je vous fais de cet exemplaire d'Athalie. Scène VII.

A Paris, chez Martinet, Libraire, rue du Coq, N.o 13 et 15.

Carle del.

Costume de M.me BELMONT rôle D'AGNES SOREL
dans la Piece de ce nom. Vaudeville
A Paris, chez Martinet, Libraire rue du Coq N.º 13 et 15.

Ma Sœur, voici le bras qui venge nos deux freres;
Le bras qui rompt le cours de nos destins contraires,
Qui nous rend maîtres d'Albe: enfin voici le bras
Qui seul fait aujourd'hui le sort de deux Etats.

Acte IV, Scene V

A Paris chez Martinet Libraire, rue du Coq, N.º 13 et 15.

HUET, rôle de CÉSAR, dans
les Rendez-vous Bourgeois,
Th. de l'Opéra-comique   Opé-com.

......j'ai vu dans l'ombre un petit monsieur qui semblait avoir
le même dessein. J'ai couru sur lui, et Zut il a disparu. Scène XV.
A Paris, chez Martinet, Libraire, rue du Coq, N.º 13 et 15.

JOLY *rôle de* BERTRAND, *dans*
La Belle au bois dormant.

Th. du Vaudeville.

Féerie-Vaudeville

Air : de Doche.

Mon Galoubet, (bis)
Pour mettre la jeunesse en dance ;
A fredonner est toujours prêt ;

Mais, dès qu'une vieille s'avance,
Elle arrête, par sa présence,
Mon Galoubet.

Acte I. Scène I.

A Paris, chez Martinet, Libraire, rue du Coq, N.° 13 et 15.

N.° 269.

MARTY, rôle du GRAND JUSTICIA, dans la piece de ce nom

Th. de la Gaieté. Mélodrame.

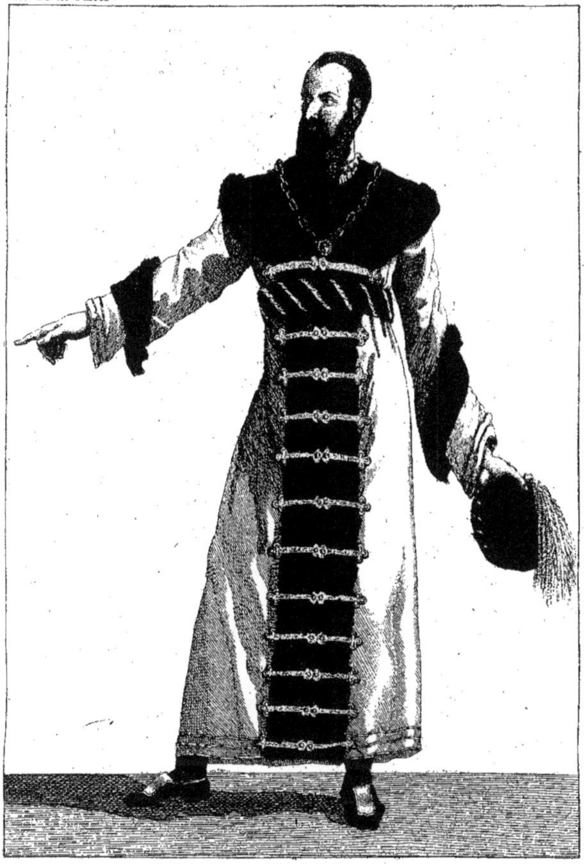

.... tant de hardiesse

Vous étonne, je le conçois, vous n'êtes plus habitué a entendre la vérité. Acte Scène

A Paris chez Martinet, Libraire, rue du Coq N.° 13 et 15.

(1811)

Costume de TALMA, rôle de MAHOMET II. N.º 270.
dans la Tragedie de ce nom.

A Paris chez Martinet, Libraire, rue du Coq, N.º 13 et 15.

Quand fillette va seul aux champs
Tous les bergers sont autour d'elle;
En cueillant les fleurs du printemps,
Quequ'fois elle perd la plus belle.

A Paris, chez Martinet, Libraire, rue du Coq, N.º 13 et 15.

Mᵈˡˡᵉ RIVIÈRE, rôle D'AMÉLIE,
dans la Belle au Bois dormant. Vaudeville.

Th. du Vaudeville.

Ah! mon Dieu, mon oncle, est-ce que vous auriez fait le projet
de devenir galant?

Acte I. Scène III.

A Paris, chez Martinet, Libraire, rue du Coq, N.º 13 et 15.

Vous voulez m'ordonner encor des lachetés !
Et pour ce traitre, encor solliciter ma grace !
Mais pour des Ennemis, ce cœur n'a plus de place.

Acte I Scène III

A Paris, chez Martinet, Libraire, rue du Coq, N.ᵒ 13. et 15.

Th. du Vaudeville.

Carb. del. in AB.   Vaudeville.

Adieu; je vais au rivage savoir s'il y a quelque vaisseau
engravé, et sur-tout m'informer de ces diables de corsaires
qui me trottent dans la tête.   Scène IV.

A Paris, chez Martinet, Libraire, rue du Coq, N.º 13 et 15.

C'est bon, riez tant qu'il vous plaira, vous ne me séduirez pas monsieur le Tartare.

Acte I. Scene VII.

A Paris, chez Martinet, Libraire, rue du Coq, N.º 13 et 15.

Th. de l'Opéra comique.   Opéra comique.

Hola ! hé ! . . . . Lafleur, Jasmin . . . . Scapin .
hola quelqu'un n'y a t'il personne ici . . . . Scène .
A Paris chez Martinet, Libraire, rue du Coq N.º 15 et 15.

TALMA, rôle D'HAMLET et M.lle DUCHÊNOIS rôle de GERTRUDE. N.º 277.
dans la Tragédie d'Hamlet de Ducis.

Th. Français.

.... J'entends sa voix.
C'en est fait. A mes pieds! est-ce vous que je vois?   Acte   scène
A Paris chez Martinet, Libraire, rue du Coq. N.º 13 et 15.

M.^{de} Jaquinet. rôle de la SŒUR DE LA MISÉRICORDE, N.° 278.
Scène Foraine

Th. Montansier.

A Paris, chez Martinet, Libraire; rue du Coq, N.° 13 et 15.

Nº 279. Mr. Jaquinet dans Arlequin partout.

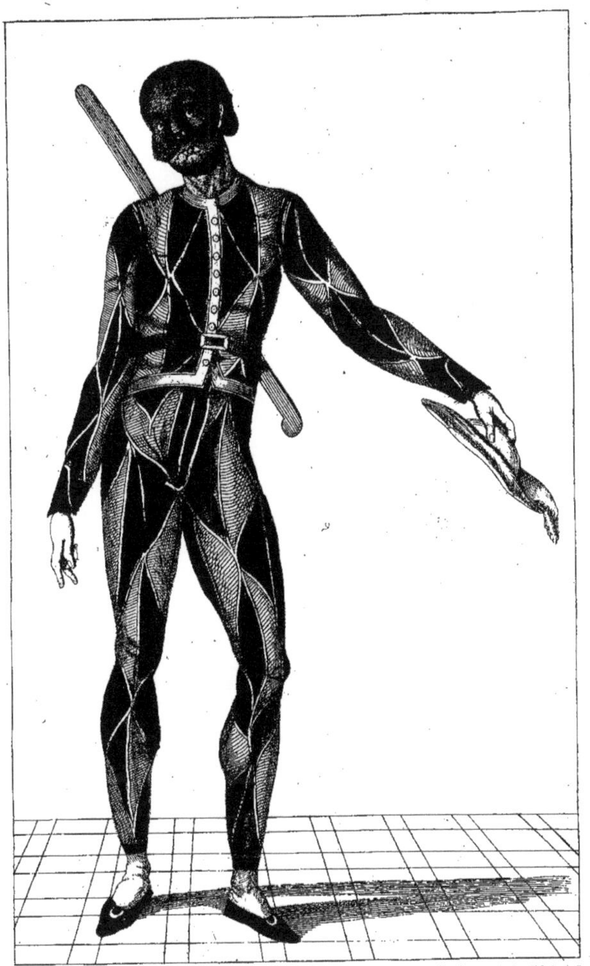

A Paris chez Martinet, Libraire, rue du Coq Nº 13 et 15

...... des jeunes garçons qui jouyont à cache cache et
qui se trompiont de portes, des jeunes filles qui jouont
à la Madame, des ..... hen ...... hen ....
Scène X.

A Paris chez Martinet, Libraire, rue du Coq, N.º 13 et 15.

FERDINAND *rôle de* PONIATOUSKI,
dans Stanislas Lesczinsky. Mélodrame.

Th. de la Gaité.

G. del.

J'ai rempli mon devoir; je ne crains pas la mort.
Acte I. Scène XX.

A Paris, chez Martinet, Libraire, rue du Coq, N.º 13 et 15.

POTIER rôle de GUILLERET.
dans l'Intrigue hussarde. Vaudeville

Je veux que mon violon donne des aîles aux pieds de toute la compagnie.

A Paris, chez Martinet, Libraire, rue du Coq, N.º 13 et 15.

Non, Colette n'est pas trompeuse ;
Elle m'a promis sa foi :
Peut-elle être l'Amoureuse
D'un autre berger que moi ? Scène IV

A Paris, chez Martinet, Libraire, rue du Coq, N.º 13 et 15.

Th. Français

Je doute si je veille.
Dieu, quels accens de mort ont frappé mon oreille!   Acte II. Scène II.

A Paris, chez Martinet, Libraire, rue du Coq, N.° 13 et 15.

A Paris, chez Martinet, Libraire, rue du Coq, Nᵒ 13 et 15

Th. Français.

Carle del.

Ma marraine doit être ben sûre qu'monsieur l'Marquis viendrait
m'prendre cent baisers l'un après l'autre, qu'je n'boug'rais pas
plus que j'fais là.....On sait l'respect qu'on doit à ses maîtres.
                                        Acte I. Scène X.

A Paris, chez Martinet, Libraire, rue du Coq, N.º 13 et 15.

TIERCELIN rôle de L'OGRESSE,
dans la pièce de ce nom
Th. des Variétés.
Folie- comi-parade
N.° 287
Joly del
_ A quelle sauce? _______ à la meilleure.
Mais encore? _______ au beurre!....
Acte   Scène
A Paris, chez Martinet, Libraire, rue du Coq, N.° 13 et 15.

Th. de la Gaieté   Vaudeville.

*C'est-ça, vas mon ami réglisse, va crier à la fraiche pendant
que tu brules,........... que je suis malheureux!...........*
                                                    Scene

A Paris, chez Martinet, Libraire, rue du Coq, N.º 13 et 15.

M.ᵐᵉ HERVEY, rôle de CLARA,
dans la Petite Gouvernante.

Th. du Vaudeville.

Air: Dico d'Jannette.

Tout l'monde s'inquiette;	V'la qu'ça s'répète,
Un soir cependant,	Et depuis ce tems,
Larirette,	Larirette,
Queuqu'z'un qui l'guette,	Pas un' fillette
Voit qu'o'est un amant;	N'a peur des r'venans.

Acte II Scene IX.

A Paris chez Martinet Libraire, rue du Coq, N.º 13 et 15.

On ne passe pas............. Non. Je veux vous mettre
une balle dans la poitrine, si vous approchez, rien de plus.

Acte II. Scène XXII.

A Paris, chez Martinet, Libraire, rue du Coq, N.º 13 et 15.

A Paris chez Martinet, Libraire, rue du Coq, N.º 13 et 15.

Allons, enfans, la paix, la paix! qu'est-ce qui veut danser?
donnez-moi à boire: ou en est la Contredanse? avez-vous
fait la queue du chat? Acte I Scène VIII

POTIER, rôle de BOISFLEURY,
dans Une Soirée de carnaval. Vaudeville.

Th. des Variétés.

Joly del.

A. Paris, chez Martinet, Libraire, rue du Coq N.º 15 et 15.

Tu sens bien que décemment, un jeune-homme comme moi,
ne peut pas descendre chez un beau pere en patache.

THÉNARD *rôle de* FIGARO,
dans le Mariage de Figaro, Comédie.

Th. Français

Joly del

A Paris, chez Martinet, Libraire, rue du Coq, N.º 13 et 15.

Tout n'est pas gain non plus en écoutant!......Diable!........
Acte V. Scène

DERIVIS rôle D'UBALDE,
dans Armide, Opéra.

Th.· de l'Acad.ᵉ Imp.ᵉ de Musique

Carle. Del.

A Paris chez Martinet, libraire, rue du Coq N.º 13 et 15.

A Paris, chez Martinet Libraire, rue du Coq, N.º 13 et 15.

Ici, je suis certain de plaire,
C'est moi qui vais donner le ton :
. . . . Scene IV.

SEVESTE rôle de NARCISSE DURILLON   N.º 295.

Toute réflexion faite. . . . . ma fille est bête. . . . .
Acte II Scène IX.

Joby del.   A Paris chez Martinet, Libraire, rue du Coq, N.º 13 et 15.

Il y a un grand dérangement la haut! Le moyen d'en douter
quand j'ai la terre sous le bras et le ciel dans ma poche......
                                        Scène

MICHOT rôle de BULLER. N.º 298.
dans les Deux freres, Comédie en 4 Actes.

A. Paris chez Martinet, Libraire, rue du Coq N.º 13 et 15.

N'avez-vous pas fait une pension à ma mere!..........
Acte II Scène

.....et qui jure enfin de tout tenter, de tout hazarder, de tout faire pour être votre époux, et qui n'ira pas chercher le voisin pour ça..........

Scene III

ARMAND, rôle du PRINCE ROYAL,
dans l'Exil de Rochester, Vaudeville.

N.º 300.

A Paris chez Martinet, Libraire rue du Coq N.º 13 et 15.

Ah! le coquin! je ne puis le nommer sans me nommer moi même!
Scène XVIII.

Joly del. A Paris, chez Martinet, Libraire, rue du Coq, N.º 13 et 15.

Pchit....pchit......va t'en, va t'en.....Si je pouvais me fourrer
dans queuq'trou!

Joly del.

A Paris, chez Martinet, Libraire, rue du Coq, N.º 13 et 15.

Mais v'la déjà l'amour qui les rappelle,
J' les vois tous deux
Revenir vers ces lieux !
Descendons vite et su' c't' échelle
Craignons d'êt' surprises par eux...... Scène II

EDOUARD, rôle du CONSTABLE,
dans l'Exil de Rochester.

N.º 3o3.

A Paris, chez Martinet, rue du Coq N.º 13 et 15.

Ce sont........ce sont de très mauvais sujets...... (à part) Ils
font très bien le punch......

Scène IX.

Ah! ah! ah!... Il est si sou qu'il me prend pour une religieuse.
Acte I. Scène.

HENRY et JOLY, dans les deux EDMON,

Th. du Vaudeville.

Vaudeville

Joly del

Mon Colonel!..........

Scène dernière.

A Paris, chez Martinet, Libraire, rue du Coq, N.° 13 et 15.

Th. du Vaudeville.   JOLY, dans LANTARA.   Vaudeville.

A Paris chez Martinet, Libraire, rue du Coq N.° 13 et 15.

Air: De M. Doche.

A jeûn, je suis trop philosophe,   Mais quand j'ai bu, tout change de figure,
Le monde me fait peine à voir ;   La riante couleur du vin
Je ne rêve que catastrophe,   Prête son charme à toute la nature,
A mes yeux, tout se peint en noir.   Et j'aime tout le genre humain.

Scène IX.

Ah! il est bon là le lapin!........

Acte II Scène

A Paris, chez Martinet, Libraire, rue du Coq, N.o i3 et i5.

Th. de l'Opéra com.

A Paris, chez Martinet, Libraire, rue du Coq, N.º 13 et 5.

Hôtes charmans de ces bocages,
Redoublez vos tendres ramages
Pour chanter la beauté
Dont je suis enchanté.

Acte II Scène XV.

LAVIGNE rôle D'ACHILLE,
dans Iphigénie en Aulide.
Th. de l'Acad. Imp. de musique
Tragédie Lyrique
Gabriel del.
Bovinet fils sculp.
Andante
Cruel= le non jamais votre insensible cœur ne fut touché= de mon a-mour extré= = me
A Paris chez Martinet, Libraire, rue du Coq Nº. 13 et 15.

HENRY rôle de RICHELIEU.
dans une Soirée de deux Prisonniers

N.º 311.

...et laissons y mon crayon, pour qu'on puisse me répondre.

Scène XV.

A.Paris, chez Martinet, Libraire, rue du Coq, N.º 13 et 15.

Il crie au voleur, on m'arrête, on me prend pour
un fripon.   Scène III.

A Paris chez Martinet, Libraire, rue du Coq N.º 13 et 15.

Mme BOULANGER rôle de KÉSIE
dans le Calife de Bagdad.

Gabriel del.   Bovinet fils sculp.

Si l'amour espagnol vous paraît préférable,
Je vous attends, dans l'ombre de la nuit :
Loin des jaloux, nous nous verrons sans bruit.

Scene V.

A Paris, chez Martinet, Libraire, rue du Coq. N.º 13 et 15.

HENRI *rôle de* ROCHESTER,
dans l'Exil de Rochester

Th. du Vaudeville   Vaudeville

A Paris chez Martinet Libraire rue du Coq N.º 13 et 15.

Vive le prince royal! Rochester a sa grace.

Scène XVIII

Th. de l'Acad. Imp. de mus.

A Paris chez Martinet, Libraire, rue du Coq, N.º 13 et 15

Je suis vainqueur tu dois etre ma récompense.

Acte II

Th. du Vaudeville
M.me HERVEY rôle de MYTHILÉNE,
dans les Scythes. Vaudeville.
N.o 317.
Carle del
A Paris, chez Martinet, Libraire, rue du Coq, N.o 13 et 15.
Tous les postes sont bien tenus et je suis satisfaite de ma ronde. Vous Zelinde
et vous Zerbine vous n'avez rien apperçu, aucun Scythes ne s'est montré?
Acte I Scène II

Th. de l'Ambigu-com.

GREVIN rôle D'ARSACE
dans Amélasis . Mélodrame
N.º 318.
A Paris, chez Martinet, Libraire, rue du Coq, N.º 13 et 15.

MICHOT rôle du CAPITAINE COPP,
dans la Jeunesse de Henri V, Comédie

Th. Français.

Cis del.

A Paris, chez Martinet, Libraire, rue du coq, N.º 13 et 15.

.....d'ailleurs, moi, si j'avois su certainement.... votre Altesse doit me
connoître assez......pour que je.....parce que.....

Acte III. Scene 1.

TABLE DU TROISIÈME VOLUME.

THÉATRE DE L'ACADÉMIE ROYALE DE MUSIQUE.

DÉRIVIS . . . . rôle d'Ubalde dans Armide 294
  rôle d'Olkar dans les Bayadères 316

LAVIGNE . . . . rôle de Colin dans le Devin du Village 283
  rôle d'Achille dans Iphigénie en Aulide. 310

THÉATRE FRANÇAIS.

BATISTE aîné . . . . . . rôle de M. Merville dans le Vieux Fat 228
  rôle du Capitaine Bertrand dans les Deux Frères. 258

BATISTE cadet . . . . . rôle de Jacques Splin dans le Conteur 235

CARTIGNI . . . . rôle de Labranche dans Crispin rival de son Maître. 312

Mlle. DUCHESNOIS . . . rôle de Zulima dans Mahomet II 283

DUGAZON . . . . rôle de Pierre Bonard dans les Amis de Collège . 210
  rôle de Fougère dans l'Intrigue épistolaire. . . . 213

FLEURY . . . . rôle de Rochester dans la Jeunesse d'Henri V . . 245

GRANDMÉNIL . . . . . . role d'Arpagon dans l'Avare. 254

LAFOND . . . . rôle de Philippe Lebel dans les Templiers 243
  rôle d'Horace dans les Horaces 266

MICHOT . . . . rôle de Buller dans les Deux Frères. 298
  rôle du Capitaine Copp dans la Jeunesse d'Henri V. 319

MONVEL . . . . rôle d'Auguste dans Cinna 249

Mlle. MARS . . . . rôle de Betti dans la Jeunesse d'Henri V 242
  rôle de Marie dans Mme. de Sévigné 286

SAINT-PHAL . . . . . . rôle de M. Dupré dans les Deux Gendres 241

TALMA . . . . rôle de Delmance dans Fénélon 217
  rôle de Marigni fils dans les Templiers 240
  rôle de Mahomet II dans la Tragédie de ce nom . 270
  rôle de Ladislas dans Venceslas. 273
  rôle d'Hamlet dans la Tragédie de ce nom. . . . 277

THÉNARD . . . . rôle de Figaro dans le Mariage de Figaro 293

Mlle. VOLNAIS . . . . . rôle d'Eronime dans Mahomet II 284

THEATRE FEYDEAU.

Mme. BELMONT	dans le rôle d'Aline Reine de Golconde	233
Mme. BOULANGER	rôle de Kesie dans le Calife de Bagdad	314
DOZAINVILLE	rôle de Ferville dans Maison à vendre	218
ELLEVIOU . . . . {	rôle de Lisandre dans l'Irato	222
	rôle de Diègo dans Piccaros et Diègo	229
	rôle de Pierrot dans le Tableau parlant	276
Mme. GAVAUDAN	rôle de Margot dans le Diable à Quatre	259
HUET	rôle de César dans le Rendez-vous Bourgeois . .	267
JULIET	rôle de Grégoire dans les Visitandines	304
LESAGE	rôle de Père Ambroise dans le Diable à quatre . .	291
SAINT-AUBIN . . . . . . {	rôle de Marsias dans le Jugement de Midas	309
	rôle d'Alin dans la Fausse Magie	313
Mlle. SAINT-AUBIN . . .	rôle de Cendrillon dans Cendrillon	226

THÉATRE DE L'ODÉON.

Mme. BARILLI	dans les Nôces de Figaro	223
Mlle. DELISLE	rôle de Dona Antonia dans l'Alcade de Molorido.	212
Mlle. FLEURY	rôle de Sophie dans Cendrillon	253
THÉNARD	rôle de Floridor dans Roufignac	263

THÉATRE DU VAUDEVILLE.

Mlle. ARSÈNE	rôle de Mariette dans les Sabotiers Béarnais . . .	221
ARMAND	rôle du Prince Royal dans l'Exil de Rochester . .	300
Mme. BELMONT	rôle d'Agnès Sorel dans la Pièce de ce nom	265
CHAPELLE . . . . {	dans la Danse interrompue	232
	rôle de Venture dans la Vallée de Montmorency.	260
CARLE	rôle de Gérard de Nevers dans l'Auberge dans les Nues	220
Mlle. DESMARES	rôle de Théodore dans le Petit Pêcheur	239
EDOUARD . . . . {	rôle de Richard dans le Père d'occasion	225
	rôle du Constable dans l'Exil de Rochester	303
GOENÉE	rôle de Georget dans les Sabotiers Béarnais. . . .	216

Suite du Théatre du Vaudeville.

Henry. . . . . { dans les Deux Edmon 305
rôle de Richelieu dans une Soirée de Carnaval . . 311
rôle de Rochester dans l'Exil de Rochester. . . . 315

Mme. Hervey. . . . . { rôle de Mad. de Maintenon dans une Visite à St.-Cyr 264
rôle de Clara dans la Petite Gouvernante. 289
rôle de Mythilène dans les Scythes 317

Joly . . . . { rôle de Pupot dans la Manufacture d'Indiennes. . 237
rôle de M. Dutrot dans les Deux Lions. 248
rôle de Bertrand dans la Belle au Bois Dormant. . 268
rôle de Gauthier dans le Petit Pêcheur. 274
rôle de Michel dans la Nouvelle Télégraphique. . 280
dans les Deux Edmon 305
dans Lantara. 306
rôle de Laramé dans le Pauvre Diable 307

Mlle. Minette . . . . . { rôle de Colombine dans le Sultan du Havre. . . . 215
rôle de Lisette dans les Trois Fous. 244

Seveste. . . . . rôle de Narcisse Durillon dans la Forêt Noire. . . 295

Scène . . . . des Six Pantoufles. 255

Mlle. Rivière. . . . . . rôle d'Amélie dans la Belle au Bois Dormant. . . 272

Vertpré. . . . . { rôle de Piron dans la Vieillesse de Piron. 211
rôle d'Iwan dans la Chaumière Moscovite. 236
rôle du Maréchal de Richelieu dans Mad. Favart. 247

Mlle. Virginie . . . . . dans l'Auberge dans les Nues. 257

THÉATRE DES VARIÉTÉS.

Mlle. Aldégonde . . . rôle de Rosine dans M. Grégoire. 230

Brunet. . . . . { rôle de Flamea dans les Baladines 234
rôle de Cendrillon dans la Chatte merveilleuse. . 255
rôle de Tremblin dans les Habitans des Landes. . 301

Mlle. Pauline . . . . . { rôle du Petit Chaperon rouge dans la pièce de ce
nom 271
dans la Chatte merveilleuse. 255
rôle de Clareine dans les Habitans des Landes. . 202

Suite du Théatre des Variétés.

Potier
- rôle de M. Descuirs dans M. Grégoire 227
- rôle de Dodu dans les Rentes viagères 250
- rôle du Prince Mirliflor dans la Petite Cendrillon. 252
- rôle de Guilleret dans l'Intrigue Hussarde 282
- rôle de Boisfleury dans une Soirée de Carnaval. . 292
- rôle de Télescope dans la Comète. 297
- rôle de Fortuné dans l'Ogresse 299

Tiercelin
- dans Vadé à la Grenouillère 231
- rôle de l'Ogresse dans l'Ogresse 287

THÉATRE DE LA PORTE SAINT-MARTIN.

Mlle. Elisa Gougibus. . role de la Petite Nichon. 308

THÉATRE DE LA GAIETÉ.

Basnage
- rôle de Réglisse dans le Château d'Eau. 288
- rôle de Carle dans Joseph Léopold. 290

Duménis . . . . rôle de M. de la Hure dans la pièce de ce nom. 219
Ferdinand . . . . rôle de Poniatouski dans Stanislas Leseinski. . . . 182

Marty
- rôle de Giafar dans les Ruines de Babylone. . . 251
- rôle du Grand Justicia dans la pièce de ce nom. . 269

Pascal . . . . rôle de Ratafiat dans Riquet à la Houpe. 296

THÉATRE DE L'AMBIGU-COMIQUE.

Grévin
- rôle d'Adhémar dans la Bataille de Fontenoy. . . 246
- rôle d'Arsace dans Amélasis. 318

Raffile . . . . rôle de Sternetz dans le Prince de la Newa . . 275

THÉATRE MONTANSIER.

Mme. Jaquinet . . . . . dans la Sœur de la Miséricorde. 278
Jaquinet. . . . . dans Arlequin partout. 279

Caractères. 238